若い先生へ

鈴木 隆夫

東京図書出版

はじめに

2015年になって少年の悲惨ないじめによる殺人事件が起きました。私は、元中学校教師として、どうしても中学校時代の先生方の指導について考えざるを得なくなってしまうのです。現役の先生方が熱心に指導されていることも、またどうしてもそこに限界があることもよくわかっています。

でも、若い先生方を先頭にもっともっと生徒にぶつかっていってほしいのです。本書には、例えば家庭訪問の項など現在の現状とは異なっている部分も多くあると思います。しかし、保護者や教育委員会ともよく話し合って家庭訪問や様々な行事を復活させ、教師と生徒たちがもっともっと心を通わせるような場を作り上げていくことは可能なのだと思っています。

『子どもたちが好きで好きでたまらない、教えることがうれしくてたまらない……』、そういう人たちが教師として頑張っているのだと、私は思っています。平成の時代になり、様々な思惑から、教師に対する風当たりも強くなり、さらにはモンスターペアレントなるものもあらわれてきているようですが、子どもたちを本気で好きになって、真正面から本気でぶつかっていきさえすれば、子どもたちも、親もきちんと応えてくれると私は信じています。一人ひとりの先生が、自信を持って生き生きと教育という現場で活躍されることを願っております。

若い先生へ◆目次

はじめに …… 1

第1章 新卒時代 …… 7

第2章 壁にぶつかったとき …… 10
自分のすべてをぶつけてみましょう
授業がなかなかうまくいかないとき

第3章 生徒と、どう向き合うか …… 20
子供たちを、どうとらえるか
問題行動を起こす子供たち

第4章
担任としての出発 …… 28
4月のスタート時に
班ノート、個人ノートをどう書かせるか
学級活動

第5章
学級通信 …… 42
学級通信をどう書いていくか
学級通信の例

第6章
保護者とどう向き合うか …… 56
保護者とどのように協力していくか

第7章 学校行事・部活動

学校行事

部活動

第1章　新卒時代

私が初めて教師になった時の話をします（１９６１年、ベビーブームの子供たちが入学してきたころです）。初めての授業で中学3年生の教室に入った時、あちらこちらに空席がありました。自己紹介をはじめて5分ほどたった時、５人くらいの男子がガタガタと、それこそ傍若無人に教室に入って来てそれぞれの席に着きました。教室の後ろに立たせるのですが、平気な顔をしておしゃべりをはじめ、結局はげんこつで思い切り殴り合って授業を終える……。そんな毎日が約1カ月くらい続きました。そして、中学1年生の担任をしたクラスの生徒とは、毎日のように廊下で取っ組み合いのけんかをして、時には顔を叩いてしまった生徒の家に謝りに行ったり……。でも、校長先生は、「私が責任を持つから」

と、いつも私をかばってくれていました……。

そして、毎日毎日生徒に提出させた宿題のノートを山のように抱えて家に持ち帰り、夜遅くまで1冊ずつ赤ペンを入れ、そのあと「学級だより」を書いて……。授業中は、声がかれるような大きな声で自分のありったけの力をぶつけていました。

でもさすがに5月の半ばくらいになると、自分のエネルギーも使い果たしてしまったような感じがして本気で教師を辞めることばかり考えていました……。

そんな時、大学時代の親友に手紙を書いたら、すぐに飛んできてくれて言われた言葉で持ち直し、再び教師として頑張ることができました。そして、38年間教師を続けました……

(そのことについては、後で詳しく書いてみたいと思います)。

私の新任教師時代の5年間の「大島時代」の教え子たちは、すでに65歳前後になっていますが(平成25年時)、あのまったく未熟で失敗ばかりしていた私をいまだに覚えていて、同窓会を開いて招待してくれますし、サザエや伊勢エビが獲れたといっては送ってくれます。先日は、クサヤと明日葉を送ってくれた人もいました。ただただ無我夢中で、子供たちに必死になって向き合っていた私を、多くの子供たちが覚えてくれていることが大変うれしいです。

第2章

壁にぶつかったとき

授業がなかなかうまくいかないとき、
どう考えたらいいのか

自分のすべてをぶつけてみましょう

未熟な23歳の大学を卒業したばかりの教師が、そんなに簡単に生徒の心をつかめるはずがないということがわからなかった私が**だめ**だったのですが、それにもかかわらず、その時の生徒たちが今でも一番私と連絡を取り合っているのです……。

そして、私が70歳になったとき、60歳になった彼ら（新卒時代に担任した生徒）が60名近く集まり、自分たちの還暦の祝いを兼ねて私の古希のお祝いをしてくれました。

特にすぐカーッとなって手を出してしまったことなど新卒時代の私の取り組みは大半が間違っていたと思っていますが（２年目以降は、極力自分からは手を出さないように心がけてきたつもりです……）、私が必死になって私自身をぶつけ続けていたことが卒業後45年たっても生徒たちの心に残っていてくれたと思います。

私が教師になってずーっと心がけてきたことをいくつか書いてみたいと思います。

①生徒の前では、いつも全力で取り組んでいることを見せること
（自分の体調が悪い時は、正直に生徒に伝えていましたが）

例えば、学活の時間にクラスの生徒にフォークダンスをやらせたとき、一人も手をつながず、一人も踊りださない中、私一人で踊り続けた時もありました。合唱コンクールの朝練習の時など、一人も参加しないのに１週間近く一人で教室で歌っていたこともありまし

た。生徒に宿題を提出させたときは、たとえ徹夜しようとも、提出ノート全部に、細かく赤ペンを入れていました。授業では、自分のできる限りの声を張り上げて授業をやっていました（大声を出せばそれでいいということではありませんが……）。

でも、子供たちはしっかりと覚えていてくれました。その時の、空回りしながらも必死になっていた私の姿を……。そして、そこから少しずつ変わっていってくれました。

②どんな時でも、誰の前でも、絶対に生徒の悪口を言わない

「あの生徒はダメだ、あの生徒は性格が悪い……」なんて口に出すような先生がいたら、その人は担任をやる資格がないと思っています。私は、同僚や先輩の前ではよく愚痴はこぼしました。でも、少なくとも自分のクラスの生徒は、どんなことをやったとしても、自分の子供と同じだとずっと思っていました。わが子の悪口を他人に言うなんていう親はいないと思っていますから……。

③怒るときは本気で怒り、ほめるときは、こちらが照れくさくなるくらいにオーバーにほめる

いつもその生徒のことを真剣に考えていれば、その生徒が間違ったときは、本気で怒ることができます。その生徒を何とかしてやろうという気持ちで、なかなか相手に気持ちが通じないようでも、真剣に怒ってあげましょう。

怒ることは、割合誰でもできるのですが、**ほめる**ということはとてもむずかしいです。何か、逆効果になってしまうようで、私もなかなか本気でほめることができなかったのですが、一生懸命ほめてあげたことで、その生徒が大きく変わったという経験を私は何度かしています……。人間と人間の付き合いです、こちらの気持ちは必ず生徒に通じるものです。

授業がなかなかうまくいかないとき

授業がうまくいかなかったことなんか、私は何回もありました……。そのたびに、私は本屋に行き何冊も何冊も本を買って（教師向けのものや、生徒向けの参考書など）、それを一生懸命読み、板書事項を何回もノートに書いて……。でもなかなかうまくいきませんでした。

また、どんな子も絶対に見捨てない……。それが教師として授業をやっていくうえでの基本だと私は信じています。

④子どもたち（生徒）全員が、興味を持って取り組めるような授業を追求しましょう

生徒が興味を示さないような授業、生徒がくらいついてこないような授業には、何か問題点があるのだと思います（私の新卒時代の授業は、そんな独りよがりな授業だったよう

な気がします……)。子どもたちにとって、それを学ぶことが、それに取り組むことが喜びであるような授業こそ、私たち教師が取り組むべき授業だと私は信じています。

しかし、それは非常に難しい、たいへんなことだということは私も知っています。ましてや、40人余りの生徒の中には、基礎的な学力が高い子もいるし、勉強そのものをあきらめてしまっているような子もいるのですから……。でも、学ぶことは楽しいものであり、そして教えることも楽しいことでなければ、「教育」の価値なんて、なくなってしまうのではないでしょうか。

勉強をあきらめてしまっているような生徒を見捨てて、どんどん授業を進めるのは絶対に間違えていると思います。勉強を投げ出してしまっているように見える子どもたちにも、新しいことを学ぶことが楽しくなり、学力の高い子にも、さらに興味がわいてくるような授業こそ理想なのだと思います。そして、それを追求していくことこそ、教師の仕事ではないのでしょうか……(今、はやりの、『自己責任』なんて言葉を持ち出して、教師としての仕事を放棄しないでください……)。

勉強をしようとしない生徒は切り捨て、やる気のある生徒だけを相手にしている授業だったら、少し知識がある人ならば誰でもできるのだと思います。

勉強をあきらめかけている生徒にこそ、こちらの授業に目を向けてもらい、生き生きと授業に取り組んでもらうようになることこそ、教師としての生きがいなのだと思います。そのために、時には机をたたいて怒鳴り、涙をこぼし、あるいはその生徒の胸ぐらをつかみ体を揺さぶって、「お前に、本気になって勉強してもらいたいんだ！」と叫びながら授業をしたこともたびたびありました。

⑤自分を信じて、絶対にあきらめない

自分に、完璧な授業なんて出来ないということはわかっています。でも、みんなを引き付ける授業をするためにまだ何かが出来るはずだと思い努力してきました。私は理科の教師でしたから、実験をできるだけやってみました。それも、教科書や指導書に書いてある

やり方だけではなく、何かほかに工夫はないかと必死で考え、いろいろな本を図書館などで探しまわりました。実験の前の日は、自分自身で繰り返し予備実験をして少しでも良いやり方を見つけようとしてきました。それは、退職する年まで続けてきましたが、それでもなかなか自分に満足するような、生徒が沸き立つような実験を創り上げることはむずかしかったです……。

⑥他の先生の授業を見せてもらう

教育実習の学生を私のクラスで受け入れた時に最初に言っていたことは、「ほかの先生方の授業をできるだけたくさん見なさい！」ということでした。私も、その先生が認めてくれれば私の空いている時間は一緒に見せてもらいました……。まずは信頼できる先輩に、授業を見せてもらうように頼み込んでみましょう。緻密に授業プランを立てて、それに従って授業を進める先生や、アドリブとその時々の生徒の反応を大事にして授業を進める先生など、さまざまな先生のさまざまなやり方から学び取ることがたくさんあります。また、保護者向けの授業参観日は絶好の機会ですので、私は空き時間には全部見学させてもらいました。いわゆる研究授業は、ミスを極力なくすように準備をしすぎているようで私にはあまり参考になりませんでしたが、参加すれば何かしら得ることはあると思いますので、自分なりに受け止めて吸収していけばいいと思います。ほかの先生の授業を見させてもらいながら、自分に欠けているものが何なのかを真剣に考える謙虚さを持ちましょう。

あわせて、研究授業を積極的に引き受けるなど、極力ほかの先生方に授業を見てもらうようにしましょう。怖がらずにどんどんほかの人の意見を聞くことです。間違っている意見や、明らかに批判するためだけの意見などは、自分の心の中であっさりと切り捨ててしまえばいいのですから……。

⑦生徒にたずねましょう

私はいつも定期テストの答案の最後に、授業への感想や意見を書かせることにしています。また、給食の時間などは絶好の情報収集の時間です。私は職員室などで昼食を食べるよりも生徒の中で食べるのが好きです。必ずグループごとで給食を取らせ、曜日ごとに各グループの生徒の中に入って給食を食べていました。そのとき、『先生のこんな授業が面白かった』とか『あの実験はつまらなかった』とか、率直な意見をたくさん聞けるのです。

〝生徒に学ぶ〟という姿勢はとても大切なことです。

第3章

生徒と、どう向き合うか

子供たちを、どうとらえるか

私は少なくとも、中学生までの子どもは、「未完成人間」だと思っています。それが、学校生活の中で、教師や、友達、あるいはさまざまな大人の人たちと触れ合い、さまざまなことを学んでいく中で少しずつ完成された人間として成長していくのだと思っています。だから、生徒というものはたくさん失敗して、たくさん間違えながら成長していくのだということを、特に私たち教師は考えていなければいけないのだと思います。

私は、本来は、勉強が嫌いだったり学校が嫌いだったりする子供はいないのだと思っています。だから、どこかでそのつまずいているものを取り外してあげれば、どんな子供でも、生き生きと成長していくはずです。どの子も勉強ができるようになりたいのだ、どの子も楽しい学校生活を送っていきたいのだ、そう私は信じています。しかし、私たちが思うほど子供たちは変わっていかない場合が多いのも事実です。例えば中学1年生の場合だったら、それまでの13年間に受けたさまざまな心の傷を持っているのかもしれません。3年間では修復できないような傷を持っている場合でも、教師が真剣になってぶつかっていく中で少しずつ変わっていき、卒業後十数年たってから立派な姿を見せてくれた教え子もたくさんいました……。

問題行動を起こす子供たち

私が現役の教師をしていた昭和50年代は、まさに校内暴力が吹き荒れていた時代でした……。そして、そのころ私が一番感銘を受けた言葉は、当時の人気テレビドラマの『3年

B組金八先生』のなかの**『生徒はくさったみかんではない』**という言葉でした。問題行動を起こしてばかりいた生徒を、「その生徒さえいなければ問題行動がおさまる」と考えていた一部の大人や教師がいたことは事実でした。問題行動を起こす生徒と、正面からぶつかりあって、その生徒の心を開いていくことが唯一の解決方法です……。彼らは、未完成だからこそさまざまなことで悩み、時にはやり場のない怒りにかられて周りにぶつかっていくことがあるのですが、心の底では「自分のことをわかってほしい、自分の話を聞いてほしい……」と願っているのです。それをまわりの教師や大人たちが、己の保身ばかり考えていて深くかかわろうとしなければ、子どもたちは、いつまでたっても救われません！　まずは一人ひとりの教師が、初心に帰って本気で生徒と向かい合うことから始めるべきだと思います。

そして、生徒と同じ立場に立って、同じ目線で考えていくことを何よりも大切に考えていきましょう。

①まずは生徒としっかり向き合うこと

私は、暴力を振るっていたり、物をこわしたりして暴れている生徒がいたら、まずはその現場に走って行って、その生徒（達）と正面から向き合うことから始めました。時には胸ぐらをつかみ合うこともありましたが、たいていの場合、「なんだよ？！」と言い返してきます。まわりの人たちにはできるだけ遠くへ離れてもらって、できるだけ1対1あるいは、1対生徒数人という形をとり、空き教室などの椅子に座って話をします。時には、廊下あるいは屋上に胡坐をかいて話をします。「俺は、お前（達）のことを悪い奴だとは思ってない！　ただ、やったことはいけないことだと、俺は思っている……」まずは、そんな会話から大体はじめていました。子供たちも、こちらに敵意も偏見もなく、むしろ自分のことを真剣に考えてくれているのだということがわかれば、冷静に話し合うことができると私は信じています。

②相手の話をとことん聞くこと

中学生と言えば、まだ13～15歳の年頃です。私は、周りの先生方にも、生徒たちにも、「中学生というのは、『未完成人間』なのだ！」「これからいろいろなことを学び、いろいろ失敗しながら人間として成長していくのだ！」といつも言っていました。

だから、いろいろなことに矛盾を感じたり、悩んだり、腹を立てたりするのは当たり前だと思っています。子どもたちにとって、自分の話を一方的に決めつけたりせずにじっくり話を聞いてくれる人間が絶対に必要なのです……。

教師こそ、そんな子どもたちと（すべての子どもたちと）真正面から向き合い、悩みや希望を真剣に受け止め、一緒に考えてやるべき立場の人間だと思います。「めんどくさい！」「言っても意味ない！」「ほっといてくれ！」そんな言葉しかはじめは返ってこないのだと思います。でも、そこからが勝負なのです。時間が取れなかったら日を改めて話をすればいい……。とにもかくにも、自分は味方なんだということをわかってもらうまで、しつっこく、しつっこく迫っていきましょう！　そして、その子の将来（人生）について真剣に考えていきましょう。それこそが、教師としての生きがいなのですから。

③保護者の方と二人三脚で取り組む

「うちの子はどうせダメなんです」「あの子には、何を言っても通じないんです」そんな言葉が親から返ってくることがよくあります。たしかに、毎日の生活を送るのが精いっぱいの中で、一言注意すれば、その何倍もの言葉で言い返してくる我が子……。毎日、子供と接しているだけでストレスになるような日々が続くときもあると思います。「子どもに何も注意しない方が楽なんです……」そう、ため息をつく親に、私は私自身の中学生時代のことをよく話します。私は中学時代の反抗期に、母親に対して「なんでこんな貧乏な家に生んだんだ……」とか、「親が義務教育しか出てないから、世間への見栄で、俺たちを大学に行かせたいんだろう……」とか、「親が勉強、勉強と言って束縛する権利なんてないんだ……」とか、本当に言いたい放題のことを言って反抗していましたが、私の母親は、そのたびに必死になって私を叱り、時には涙をボロボロこぼしながら、私が、ごめんなさいと言うまで叱り続けていました。時には、長い物差しで思い切りたたかれたこともあります。しかし……私の母は、当時でも極貧と言われるような生活の中で、昼は洋服の仕立屋さんに手伝いに行き、夜は夜中過ぎまで内職をし、休日はビルのトイレ掃除までして、必死になって私たちの学費を稼いでいました。結局、私は、そんな母親の後ろ姿を見ていたので、最後は、母親の言うように、必死になって勉強をしました（私の弟たち３人は、私の様子をみていたのか、あまり反抗はしていませんでした。結局４人とも大学に入学しました）。最後は、私は母親が望んでいたように、教師の道を進むことになりましたが、70歳でくも膜下出血のため急逝してしまった母親に対して、今でも謝っても謝っても謝りきれない後悔の気持ちでいっぱいなのです……。

私は、そんな恥ずかしい自分の話をした後、保護者の方に、『子どもというものは、表面的にいくら反抗的な態度を取ろうとも、必死になって叱ってくれ、自分のことを思ってくれる親の言うことはちゃんとわかるものですよ!!』と言って、『一緒にこの子のために頑張りましょう！』と話をしました。時には、お父さんと、夕食時にお邪魔して長い時間話し合ったこともあります。

親が教師を信頼し、なんでも打ち明けてくれるようになり、一緒にその子の良いところを何とかして見つけ出そうと努力し、学校と、家庭の両方でその良さを伸ばしていこうとさえすれば、どんな生徒でも、前向きに取り組める生徒に変身すると私は信じています（場合によっては、それが中学卒業後になってからだとしても）。私たちの真剣な努力が報われたという経験を私はたくさんしています。

第4章　担任としての出発

担任こそ教師としての最高の生きがいだと私は思っています……。

とにかく、自分のクラスの子供たち全員を大好きになること！　こちらが大好きになれば、子供たちも担任の先生を大好きになるものなのです……。

では、担任としてどのようなことを考えたらいいか、次の項目について考えてみたいと思います。

４月のスタート時に

最初にクラスの子供たちと出会う日をどのようにするかということはとても大切です。

①生徒の氏名を前日までに全部覚える

私は前の日までに、夜中過ぎまでかかっても完全に覚えるようにしています。新入学生の場合は特に大変だとは思いますが、初めて出会う先生が自分をフルネームで呼んでくれるということはとてもうれしいことなのです。名前を呼んだら、手を挙げて元気に返事をしてもらいましょう。この小さなやり取りの中でボス的な子供、リーダーになりそうな子供、周りからなんとなくさけられている子供などが誰なのかをおおざっぱにつかむことができます……。

②担任としての自己紹介

私は自分の中学時代の話を中心にして話をしてきました。私は小さい時の交通事故がもとで足首が少し曲がっています。そのことが原因でよく友達からからかわれ、とてもつらい思いをしたし、よくそれが原因でけんかをして怒られてばかりいたのです。そんな時、いつも私の心の痛みを理解しようとしてくれていた先生や、私を単なる「ひねくれもの」としてしか扱ってくれなかった先生などのことも正直に話しました。どんなことでもいいから、中学時代の話をしてあげると子供たちは興味を持って聞いてくれます……。「中学時代は、みんなと同じように苦しんだり悩んだり、先生に思いきり怒られたりしていたんだよ……」

それから自分の家族のことを、できるだけ詳しく話すことにしていました。やがて子供たちと正面から向かい合わなければならなくなった場面では、子供の家族のことにも関わらなければならないことになるかもしれませんので……。

③学級通信第1号の発行

学級通信の狙いは何だと思いますか。一つ目は担任の気持ちを生徒に伝えることです。さまざまな生活を体験してここまで成長してきた子供たちが、１日や２日で簡単に担任の気持ちを理解するなんてとうてい無理なのです。でも、繰り返し繰り返し私の気持ちを伝え続ければ、必ず心は通じると信じて書き続けることが必要なのだと思います。やがてボディーブローのようにじわじわと効いていくのです……。「先生は何を言いたいのかわからない」とか、「先生は、私たちの心とかけ離れたことばかり書いている」というような批判ばかりがはじめのうちは耳に入ってきます。それればかりか、配った学級通信の半分以上の紙がごみ箱に捨てられていたこともあります……。第1号のタイトルとしては次のようなものが、考えられます。『支え合おう！　協力し合おう！』『みんなが楽しくなるようなクラスを作ろう！』こんなタイトルにしたこともあります……。『3年B組金八先生みたいなクラスを作ろう！』うまい言葉が見つからなくても、とにかく書き続けることが大切なのです……。

第2の狙いは、何なのでしょうか。それは、保護者の人たちに教師の気持ちを伝えるということです。教育とは、車の両輪のように教師と保護者が協力し合って子供たちを育てていくことだと思います。だからこそ保護者の理解を得ることが何よりも重要なのです。学級通信の文章は子供向けに書いていきますが、やがては親も目を通すと思いながら、私の教育への思いを書き続けました。

④個人ノート（個人日記）の提出を要求します

学級開きの日に、生徒数分のノートを自費で購入して一人ひとりに配ります。たいていの場合、よくても数冊しか翌日に提出されないということを覚悟しながら、「このノートにはどんなことを書いてもいいいんだよ。秘密は絶対に守るし、先生も一生懸命考えて返事を書くから……」そう言っても翌日に1冊も提出されない年もあります。でも、粘り強く訴え続けます。時には1週間後にもう一度全員分のノートを買って、もう一度配った時もあります。やがて、友達にいじめられていることを書いて、そっと職員室の私の机の上においていく生徒や、クラスへの不満をぶちまけてくる生徒が出てきます。私への文句（不満）を、1ページ分ぎっしりと書いてきてくれた生徒もいました。私は、必ず毎日それを家に持ち帰って、夕食後赤ペンで返事を書きました。日記の返事だけは、学校で書いていて、途中ほかの用事でどこかに置き忘れたら大変なことになると思うし、それこそじっくりと考えて返事を書かなければならないものなのですから……。特に中学生は、自分のことを書くのが大嫌いです。でも、絶対に誰かに訴えたいというものを持っている生徒もたくさんいると私は信じています。個人ノートは担任として必要なものだと思います。

ここでちょっと話を元に戻します……。私が新卒時代に、学生時代の親友からの一言で立ち直ったと書きました。その言葉を書いてみたいと思います。彼は、大学の2年後輩でした（現在の〝ヒコ・みづのジュエリーカレッジ〟を創り上げた男です）。

彼は、大島の私の家まで来て、こう話してくれました。『先輩！　今ここにコップに半分の水が入っているとき、それをどう考えますか？　まだ半分しか入ってないと考えますか、それとも、もう半分も入ったと考えますか？』と……。私は『この数カ月必死になって生徒たちのために頑張ってきたことが、まるでザルで水をすくっているように感じる。半分どころか10分の1も水が入ってないように感じる』と答えたら、『10分の1でもいいじゃないですか。先輩には教師という職業が合っていますよ！』と言われ、もう一度自分のその時の教え子たちのことを考えてみたらとても彼らがいとおしくなって、もう一度教師として頑張ろうと思い直したのです……。

班ノート、個人ノートをどう書かせるか

（子供たちのことをもっともっとよく知って、子供たちと本音で付き合うようになるために……）

班ノートは各班に1冊ずつ配り、必ず家で書いてくるように言います。そしてその時、親にも感想を書いてもらう……。どうしても書けない場合は、サインでも印鑑でもいいと

言います。約束は、絵をかいても何でもいいから、親の感想も含めて、１ページは必ず埋めてくること。絶対に人の悪口は書かないこと（担任への文句は例外とする）。もちろん初めのうちは親の感想はおろか印鑑すらなかなか見つけられませんでした。生徒の文も、「今日はつまらなかった」の1行といたずら書きだけで提出された場合もありました。でも、私は毎日のように生徒たちに言いつづけました。『自分の班のこと、自分のクラスのこと、こんなクラスにしたい、こんな自分になりたい……。何でもいいから書いてきてほしい、みんなと一緒になって最高のクラスを作っていきたいんだ』と。そして保護者の皆さんにはとにかく子供たちをほめてあげてほしい、どんな小さなことでもいいからわが子の、そして子供の友達の素晴らしい点を見つけて書いてほしいとお願いしてきました。

私は、空き時間にこの班ノートの返事をせっせと赤ペンで書いて、放課後次の当番の生徒に渡しました。やがて2ページぎっしりと書いてくる生徒が出てきたり、保護者からの励ましが次々と寄せられてくる年もありました（この班ノートの中身が、私の学級通信の記事の主なものになるのです……）。

学級活動

担任としての出発のところで書ききれなかったことを、以下、書いておきたいと思います……（私にとって、担任をするということが、最高の生きがいでした）。

私は、「一人残らずの生徒」がそのクラスの主人公になって活躍できるようなクラス、全員が、そのクラスの一員であることが楽しくて仕方がないんだというクラスを作り上げることが理想だと考えています。『俺たちのクラスって最高だよな！　君たちって最高だよな！』いつもそんなふうに言えるようなクラスを作り上げようと必死になって頑張ってきました。そのために、自分なりに取り組んできたことを書いてみます。

私はよく、こんな言葉を生徒に向かって言います……。クラスの仲間がちっとも乗ってこないとぼやく生徒がいたら、『まず自分が燃えなければいけない！　自分が最初の一本目の薪になって全力で燃え上がってみろよ、そうすればやがてまわりじゅうにその熱気が伝わっていって、クラス全体、学年全体が熱くなるんだよ。このクラスは冷めているなあなんて、ほかの人のせいにするんじゃあない、一人ぼっちのピエロになってもいい覚悟で、自分が全力に燃えきってみろよ！』。

ですから、時には、私自身がそのピエロの役をやったこともあります……。

■立候補制

学級でも学校でも、すべての子供が主人公でなければならない……。そのためには、どの子も、自分がクラスの主人公だという自覚を持つことが大切だと、私は思います。だから、私はいつも学級開きのその時から（初めての学級活動の時間から）、立候補制によって学級委員及び、班長、各係を決めていきます。まずは、学級委員の決定……。時とすると、２時間くらい立候補者が出ずに時間が過ぎていくことがありますが、私は粘り強く立候補者が出るまで待ちます……。「頭がいい人・話がうまい人が、学級委員に適しているわけではない。先生は、一番本気で、このクラスのために頑張ってみようと考えている人に、学級委員になって欲しいんだ！　失敗してもいい、その時は立候補してそれを信任したクラス全員の責任だし、先生の責任でもある。だから、失敗しそうな時、間違えてしまった時は、先生も全力で支えていく……。だから安心して立候補して欲しい」時には、ひょうきんな目立ちたがりやの生徒が立候補してくるときもあるし、長い沈黙に耐え切れずに、なるべく表面には立ちたくないが、この際は自分がやるっきゃないという正義感で立候補してくる生徒もいます。いずれのタイプの生徒でも、班長会の司会をやりながらクラスの問題に取り組んだり、生徒会の学級委員会に出席していく中で、責任感を強く持つようになり、試行錯誤しながらも、仲間をまとめていく力をつけていけると私は信じています。担任が、全面的に信頼をよせ、一緒に悩み、一緒に問題を解決していこうとさえすれば生徒はどんどん変わっていくものです。

学級委員が決まれば、次に生徒会の専門委員でもある、生活委員・整美委員・保健委員・図書委員などを決めていきます。これも、あらためてその委員の仕事を説明してから立候補をつのります。複数の立候補者が出た場合は、立候補者に、その理由や決意を言ってもらい全員の挙手で決めます（学級委員と専門委員は、学校のシステムに合わせ、前期と後期に分けて選出します）。

係活動についても、自分のやりたい係を言って立候補してもらいます。「黒板消し係」や、「各教科の係」の他にも、「給食の後、ゴミを拾う係」とか「先生が来た時にそれを皆に知らせる係」とか……。とにかく生徒のアイデアでどんどん係を作っていきます。

そして、大切なことは、少なくても1週間に一度以上は、その係の生徒をほめてやるということだと思います。子供たちは、自分が正しく評価されほめてもらうことによってどんどん伸びていくものなのです。そしてどんな仕事（係）にも、それぞれ大きな意義があるのだということを実感させたいと思います。

■班活動

班は、給食当番や、掃除当番の時以外にも、様々な場面で活動してもらいます。

その一番大きなものが、班勉強です。テストの時に、自分の班がほかのどの班よりも高い平均点を取れるように頑張らせます。放課後の班勉強会や、教え合いなど、時には、班長が班員に自分のノートを写させてあげたりして、全員が勉強に取り組めるような活動になるように担任からも様々なアドバイスをしました。

学力（勉強）は、個人的な問題ではないのかという反論を持たれる先生もいると思いますが、私は、それは間違えていると思っています。本当は、どんな生徒でも「勉強がわかるようになりたい！　楽しく勉強したい！」と思っているのです。それが途中で勉強につまずき、わからないところがどんどん増えていくうちに学習への意欲をなくしてしまっただけなのですから、教師が先頭になって周りの生徒やみんなで支えていけば、必ずどんな子でも、勉強に意欲を持つようになっていくと私は信じています（マララさんのノーベル賞受賞スピーチでも、すべての子により高い教育を与えるようみんなが努力すべきだと、訴えていました）。みんなの支えの中で、みんなが伸びていく。それが教育の理想だと思います。

■子供たちと同じ目線で

私は、担任になった時、私もクラスの生徒の一人だと思って子供たちの中に入っていきます。給食もどこかの班に入って食べ、掃除も一緒にやり、子供たちと一緒になって泣いたり笑ったり、思いっきり喜んだり……。それができるのが学級担任だと思っています。

第5章 学級通信

学級通信をどう書いていくか

学級通信って、いいものだと思うのだけれど、どうしても1年間続かないと言われる先生が多いです……。私は普通はB4を二つ折りにして（B5の大きさ）縦書きで書いてきましたが、スタート時は、例えばA4またはB5のコピー用紙に大きく題字を書いて、その下に自分の思いを2行でも3行でもいいから書いて、クラスの生徒分プリントして渡すことから始めればいいのだと思います。少なくとも、10号から20号くらいに達するまでは、期待した反応は来ないものだと覚悟して始めるべきだと思います。でも、学級通信は、非常に優れたコミュニケーションの道具なのです。でも、上手に書こうとか見栄えの良いものにしようなどと考えないほうがいいと思います。どんなに下手なレイアウトでも、どんなに下手な字であってもクラスの生徒というものは、自分たちのことを考えて何かを訴えようとしてくれる先生の個性を受け入れ、やがて支えてくれるようになります。まずは、３日くらい続けて発行し、時間的に無理だなあと感じたら、週に１回か２回発行するようにすればいいのです。私は、自分がすごく落ち込んでしまったときに20日くらい学級通信が書けなかったこともありました……。でも、１カ月を超えて発行しないでいると生徒から忘れられてしまうから気を付けてください。

私の学級通信について、以下、具体的に書いてみたいと思います。

トップタイトルはクラスや生徒をほめる中身です。「○○先生の授業、とても真剣にみんなが受けていたって聞いたよ！　俺、すごくうれしかった……」とか、「△△君が給食の後、散らかっていたゴミを黙ってゴミ箱の中に入れていた。すごい‼」とか、「昨日の３班の廊下掃除当番、すごくきれいだった」などというような中身を書いていきます。何かほめるようなことはないのかという気持ちで子供たちを見ていると、次々と発見できるものなのです……。そして、「今度はぼくのことを書いて！」とか、「わたしたちは、こんなことをやったんだよ……」とか、次々と記事を持ってきてくれる生徒も出てきます……。左側のページが班日誌の中身（生徒の意見や保護者の意見）で埋められるようになると、記事を書くのに苦労しなくてすむようになります……。

さて、学級通信が定着し始めたら、今度は担任からの要求をバンバンぶつけていきます。「なんで、授業についていけない仲間がいても、知らん顔をしているんだ!?」「本気の授業を創りだしてみろよ！」など、生徒が反発して意見を書いてくるようなことを書いていきます……（私の学級通信のタイトルは、数十年間一貫して『ぶつかりっこ』でした）。学級通信を使って、生徒の世論を沸き立たせて、最終的に、みんなの気持ちを一つにまとめていく……。そんな狙いも学級通信にはあると思うのです。

学級通信の例

私は、学級通信だけは、いつも手書きで出していました。Ｂ５用紙で、縦書き３段です。縦書きにしたのは、保護者の方が読みやすいと思ったからです。

そしてもう一つ、私の教育観をもう少し理解していただくために、退職後の仕事、『個人経営の学習塾』の塾だよりも載せておきたいと思います。

第1号（1991年4月9日）

3年F組がスタート

＊支え合おう・協力し合おう

＊目いっぱい、がんばろう

俺は、支え合うとか、カバーし合うとかいう言葉が好きだ。誰かがくじけそうになったり、困ったりしているとき、大変な仕事にぶつかったとき、みんなで支え合い、カバーし合って乗り越えていく。そんなクラスを作りたいんだ！　一人ひとりが自分自身の進路を決める正念場の年だからこそ、そんなアッタカサのあふれたクラスになってほしい。

そして、全員が、コップの水があふれるギリギリまで、そんな目いっぱいのがんばりをしてほしいのだ（中途半端の頑張りじゃないぞ）。君たちの可能性は無限だ。だから目いっぱいがんばれば、びっくりするほど飛躍する。

＊三中の「顔」という自覚を！

始業式と入学式の三年生の歌、俺は少々不満だったなあ。最上級生として、三中をリードしていくのだという自覚を持てよ。服装でも、集合の仕方でも、下級生の見本になろうぜ！

＊班ノート・個人日記・立候補……今年もみんなにやってもらうぞ。頑張ってやりきろうぜ！

第2号（1991年4月10日）

三中はいい学校だよ

君たちが書いてくれた「新入生におくる対面カード」を読んで、とてもうれしかった。みんなが、三中のこととてもいい学校だって、誇りに思っているんだ……。

●とても校則がゆるやかで、とても過ごしやすい学校です。

●いじめがほとんどなくて校則もすごくゆるくてそれに土曜日の授業が3時間なのだ。ラッキー！

●平和で、先輩と後輩の仲が良いこと。うん、とてもいい学校だよ。

●すごく自由な学校と言われています。自分次第ですごく楽しくなるよ！

●校則があまり厳しくないこと。でも、それだけ自分で考えることが多くなる。

今日から、日記と班ノート

自分の気持ちを思いっきりぶつけてきてほしい。この1年間心も体も大きく変化し、成長していくはずだ。時には心も大きくゆれるだろうし、悩みや質問もたくさん出てくるはずだ。どんなことでも構わないから書いてほしい。俺も、本気で答えていく！

修学旅行実行委員決定

立候補で決まりました。全員で支えて素晴らしい修学旅行を作り上げましょう。

○○くん・◎◎さん

第5号（1991年4月17日）

班で、まとまって

給食のとき、男女合同の班でまとまって食べるのに抵抗がある人が、何人かいるらしい……。

「給食のときくらい好きな人と好きなように食べていいんじゃない……」と考えている人もいるかもしれないけれど、俺は違うと思う。一緒に何か食べているときって、わりと心が開くものなのだよね、そんな時にせめて同じ班の仲間どうし、もっと仲良くなってもっと知り合っていくためにも、ぜひ、班でまとまって食べてほしい。そしてこの班が、修学旅行だけでなく学習（勉強）にも給食や清掃などの仕事にも、いつもまとまって頑張れる集団になってほしい……。

日記書くの忘れちゃった……

俺はみんなの日記や班ノートを毎日読むのをとても楽しみにしているんだぜ……。その日その日に感じたことを文章に書いていけば自分の成長や心の変化を自分でも知ることができるんだよ（現在、一日平均9冊くらい）。

班ノートより

4／16㈫　保護者より
3年のクラス編成に期待とちょっぴり不安を感じていた娘も、すんなりとF組のメンバーの一人となったようです。
3年F組の学級だより『ぶつかりっこ』を受け取るとき、娘もクラスのようすを話してくれますので今のところ、問題のない良いクラスだと思っています。
当面、修学旅行に向けての班行動が中心のようですが自分の主張ばかり通さず班のメンバーで考えや意見を交わしながらそれぞれの良さを発見し、仲良くまとまってほしいと思います。良い思い出のために。

第19号（1991年9月21日）

不安だ！　不安だ！

班ノートより

9／12　2学期が始まりそろそろみんな不安を感じてきているようだ。勉強のこととか高校のことなんかでみんなで真剣に話したりした。すごく不安で、だけどらくしたいなって、そう思ってばかりいる。だから不安で不安でしょうがないくせに勉強の方は少しも進歩がない。もう3年生だあっと毎日実感して毎日高校のことを考えている。あぁあ、入りたいところへ入れたらなあ……。今すぐ、私の高校はもう決まっているってなったらいいのに。あぁ……。不安だ。不安だ。

不安だからこそ

『今すぐ合格はもう決まっているってなったら……』という気持ちはすごくよくわかる！　全員の合格は決まっていて、あとは卒業するまで充実した時を過ごしていくだけだ……なんてことになったら、担任として俺だってすごくうれしい！　だけどさ、不安だからこそ必死になって勉強するってこともあるよね、苦しいからこそゴールに飛び込んだ時の気持ちが最高に素晴らしく感じることってあるよね……。そして、みんなが不安だからこそ、みんなで声掛け合って、みんなで励まし合って、本当に、全員合格実現させよう!!

班ノートより

9／13　保護者より

いよいよ進路を決める2学期になりました。子供の学力と、書店で買った高校案内の本を見比べながらどうしたものかと内心、少々頭を痛めています。本人は目指す希望校名を挙げていますが親の目で見ると実力との開きがあります。本人はこれからでも追いついていくと父親と話をしていました。今から努力をして自分の希望する高校に入学できるように頑張ってほしいと願っています。熱を出しやすい子ですので体調を崩さないよう気を付けたいとおもいます。

（担任より……9／22・9／23の連休、「整理と対策」を中心に10月号の月例テストの範囲を勉強しよう。連休明けにどんどん質問にこいよ――）

らくらく塾だより　第27号　平成17年９月20日

強くなりたい……！

　バスケットボールの試合の後で、顧問の先生から聞いた話です……。

ある生徒が、すごく悔しそうに、「強くなりたい！」と言ったそうです。ぼくは、その話を聞いて、『この選手はうまくなるな！　このチームは強くなるな！』と感じました。強くなりたい、うまくなりたいと思うからこそ、厳しい練習にも自分から飛び込んでいけるし、自分から工夫していろいろやってみたり、朝練習など自分で工夫してたくさんやるようになるのです。

　勉強も、実はまったく同じなのだと思います。テストの後、あれこれ言い訳をしたり、他人のせいにしたり、自分はあまり気にしていないようなことを言ったり、……そういう生徒はなかなか伸びていきません。テストで悪い点数を取ってしまったときは、思いっきり悔しそうな顔をしてください。そして、「もっと勉強が出来るようになりたい！」って本気で言ってみてください。そんなときは、他の人が自分をどう思っているかなんか考えてはいけません。自分自身が自分をどうしたいのかということだけを考えてください。

　大人でも子どもでも、ぼくはカッコ（格好）ばかりつけている人間って嫌いです。ムキになって取り組んでいってください。結果は必ず付いてくるものなのです。

　人間の能力なんてみな同じです。大切なのはどのくらい本気になれるか、その本気さをどこまで持ち続けるかということだと思います。

心の優しい人

　ぼくが中学の教師をしていたときの話です……。いつでもクラスの他の人のことばかり気にしている女の子がいました（悪い意味ではありません）。

　たとえば、給食の時間などに、誰かが具合が悪くて保健室に行っているときなど、「先生、○○さんの給食を作って、保健室に持っていってあげていいですか？」って聞いてきます。気が付くとその子は具合の悪い子の給食は準備したのに、自分の分はやっていなくて、みんなの残り物になっていました……。でも、まったく気にしないで、ぼくの許可をもらうと喜んで保健室に持っていってくれました。体育祭の練習のときなども、誰かがケガをしたり具合が悪くなると真っ先に気が付いていつも気を配ってくれていました……。

　ぼくはそんな人が大好きです。心の中にそれだけ他の人のことを思いやる余裕があるということは、まだまだいろいろなものを吸収して頑張っていける能力があるのだと思います。

他人を見下すな！

　自分より少しでも弱そうだったり、能力が劣っていたり、身体に何かハンディがあると思うと、すぐにその人を馬鹿にする人がいます。

　そんな人は人間として最低です。どんなときでも、他人を見下すようなことはしないようにしましょう。

らくらく塾だより　　　第46号　2012年７月17日

なぜそんなに
勉強しなければならないの？!

宿題を出したり、定期テストの前の臨時の特別授業の日程を言った後などに生徒から言われる言葉です……。

（『そうだよな、見たいテレビもあるし、他にもいっぱいやりたいことがあるのに、方程式を何十題も解いたり、英語の文章をたくさん書いて覚えたり……、もっと簡単にすませたいよな』）という気持ちも私の中に少しは出てくるのですが、現実の君たちの姿を見ていると、そんなのんきなことも言っていられないと思ってしまうのです……。

だって、今やっている授業についていけなくなれば、君たち自身がつらくなってしまうのですから……。わたしは、いつも、現役で中学の教師をしていたころから生徒には、楽しい気持ちで授業を受けてほしいとずっと思っています。

だから、わからないところがたくさん出てきて、つまらない顔をしている生徒を見るのが一番つらいのです。授業が分かってくると本当に楽しくなるのですよ、学校に行くのが、そして友達と教え合うのがもっと楽しくなるのだと思います。どんどん、どんどんわかるようになって、友達にもどんどん教えてあげられるようになって、全員が楽しい学校生活を送ってほしいのです。

それとね、私は教師になりましたが、私の友達で、会社に入って世界中を飛び回って仕事をやっていた人、自分で会社や学校を作り上げた人、医者になった人、新聞記者になった人、会社の重役になった人、大学の教授になった人……みんな、中学、高校時代は死ぬほど勉強した時期があったのです。自分自身の希望を実現させるために、そして悔いのない生活を送るために……。今の君たちには、それこそなろうと思えばどんなものにもなれる可能性があるのですから。その可能性を捨てて、今、見たいテレビを見て、やりたいことだけをやって時間を無駄に使ってほしくないのです。もちろん、適当に息抜きをしたりテレビをのんびり見ることもたまには必要です。でも君たちにはもっともっと大切なもの、君たち自身の未来を作り出す仕事があるのです……。君たち一人ひとりがもっともっと大きな夢を持ってその夢を実現させるために頑張ってほしいのです。あと１時間でも２時間でもいいから、勉強時間を増やすことから始めてください。

それから、「そんなにやったって無駄」とか「こんなことやったって意味がない」という言葉を耳にすることがあります。前にも書いたのですが、私は、『無駄な努力』なんてないのだと思っています。

以前書いたことと違う私自身の経験を書いてみます。

私は、大学を卒業するとすぐに伊豆大島の中学校に数学の教師として赴任しました。その時の中学生は、ベビーブームの時代に生まれた子供たちで大島でも１クラス50人で３クラス。おまけにオール３以上ないと、島の公立高校に行けない時代でした（お金のある家は、東京都内の私立高校に下宿させて通わせていました）。そんな時代でしたから、最初から勉強をあきらめてしまっている生徒が何人もいました。でもわたしはあきらめることなく、毎日のようにノート２ページ分の数学の問題を宿題として出していました。１年生と３年生合わせて１日４クラスの授業をやると、宿題のノートだけで200冊近くになりましたが、私は毎日大きなカバンに詰め込んで、夕食後その採点をしました。答えを書いてない生徒には一人ひとり赤ペンで正しい答えを書いてあげていたら、毎日夜中過ぎまでかかっていましたが、とにかく若さでやり続けました……。でも、ちっとも勉強しない生徒は相変わらずたくさんいました……。

やがて私自身、「なんでこんな無駄なことばかり続けているのだろうか……。俺は意地だけでやっているのだろうか……」と思いだし、教師を辞めて東京に逃げ帰ることさえ考えましたが、でも、やはり意地プラス何かで５年間やり続けました。

今、あれから何十年もたって、あのころの大島の教え子が、ちっとも勉強しなくて私に怒られてばかりいた生徒たちが今でもあの頃のことを覚えてくれていて、いまだに便りをくれたり、イセエビやサザエを送ってくれています。

あのころの先生の頑張りを俺も真似して頑張ったよと言ってくれる生徒もいます。……

らくらく塾だより　　第35号　2007年３月20日

無駄な努力って
あると思いますか？

　ときどき、「こんなことやったって無駄ですよ……」という言葉を生徒から聞くことがあります。でも、私はそうは思いません。どんな努力だって、無駄な努力なんて絶対にないのだと思っています。
また、私の高校時代のバスケット部の話を書きます。来る日も来る日も厳しい練習、１年間のうち、休みは正月の３日間と夏休みの10日間だけ……。そして、２年生の夏にレギュラーを１年生に奪われずっとベンチで応援の毎日でした。その時、本気で思いました。「俺は何でこんな無駄なことをやっているのだろう？　練習が楽しいわけでもない、試合にもほとんど出られない、成績はどんどん下がっていく……」それでもバスケット部をやめなかった理由は、『いつか自分の努力が報われる！』そんなかっこいいことなんか考えていたわけではありません。理由は、たった一つ、『レギュラーになれなかったからやめたんだ』って友達から言われたくないというそれだけの理由だったのです。志望校も大幅に変更しなければならなくなり、毎日暗い顔で荒んだ気持ちで学校に通っていました。そしてついに私は、最後の夏休みの関東大会に向けての練習の前に退部届を出してしまいました（チームは東京都のベスト４に残り、関東大会に出場しました）。でも、これって本当に無駄な頑張りだったのでしょうか？……大学入試直前の連日の徹夜に近い勉強も、あのときのどうにもならないくらいの絶望的な練習に比べればどうってことのないように感じました。

　そして、中学の教師になったときに、運動会や修学旅行の時には他のどの先生よりも一番頑張り続けられたのは、あの、いやなバスケット部の練習のせいだと思いました。

　そして、私は中学校のバスケット部の顧問として30年以上やってきましたが、私はどんなときでも全員をレギュラーとして扱ってきました。よく他のバスケット部の顧問の先生から、「あいつよりも上手な生徒が下級生にいるのに、何であんな下手な奴を使うんだい？」と言われましたが絶対に自分の考えは曲げませんでした。それが、都大会に出場できるかどうかという大事な試合のときでもそうでした。その理由は、私は誰よりも、レギュラーになれなくてベンチで応援する生徒のつらさを知っているからです。担任として、クラス全員で運動会や、合唱コンクール、修学旅行などの行事に取り組んだときも「俺たちのクラスは、全員がレギュラーなんだ。誰かを補欠扱いになんかする奴がいたら承知しないぞ！」って叫び続け、クラスのみんながそれに応えて頑張ってくれました。だからとても楽しくてすばらしい教師生活を続けることが出来ました……。私の高校時代のバスケットは決して無駄ではなかったのです。生徒の皆さん、無駄な努力なんて絶対にないのです。そのときは空回りばかりしているようでも、空しさばかり感じるようなときでも、どんな形でも頑張り続けていけば、いつかは必ず報われるのだと思います。だから、ゲームやテレビだって、息抜きのためにその時間を使うのは悪いことではないと思います。でも、「どうせ、何やったって無駄なことだ！」って思いながらゲームに熱中していたり、ただごろごろしていることだけはやめましょう。私は、動き続ける人間、いつも何かをやってやろうとひたむきに取り組み続ける人間、絶対に逃げない人間が好きです。

目先の損得や、結果ばかり考えていないで、自分が、今思いっきり打ち込めるものを見つけ出してください。そうやって頑張って熱中していく中で、どんどん道が開けてくるのだと思います。

第6章　保護者とどう向き合うか

保護者とどのように協力していくか

私は、若いころは保護者と話をするのがとても苦手でした。なかなか本音を言ってくれない親の気持ちが分からず、よく衝突していました……。

しかし、子供たちを育てていくためには、教師だけの力では絶対にダメだということを痛感してからは、保護者に教師の気持ちを分かってもらうことに全力を尽くしてきました。

①家庭訪問・三者面談

私にとってはとても不満なのですが、最近は家庭訪問がほとんどされずに、三者面談で代用されているようです。保護者と二人三脚で、本気になって子供一人ひとりを良くしていくためには、家庭訪問が不可欠だと私は思っています。

三者面談の場合でも共通するところがあると思いますので、私の家庭訪問のやり方を書いてみます……。私のころは、通常5月に約1週間をかけて午後家庭訪問が行われました。5日間で回るとすると、1日約7～8人です。私の場合は、最高でも1日6人にして、仕事の関係上どうしても平日の昼間は時間が取れない場合は、土曜日の放課後か日曜日、あるいは夜の6時以降に回したりしました。父親が話したいという希望の場合は、夕食時に晩酌につきあいながら（私は一切飲みませんが）、お話を聞くということもしばしばありました。とにかくここで、しっかりとした信頼関係を築き、保護者と力を合わせて子供を育てていくことが絶対に必要だと思ったからです。訪問時間は1軒が、移動時間を含めて

40分に設定しましたが、どんな場合も最終のお宅に伺うのが予定より2時間くらい遅れてしまいます……。玄関先で、15分くらい話をするのでいいという意見もそのころありましたが、わずか15分で、お互いの本音を分かり合うなんてできないと思っています。

では、どんな話をするのでしょう……。『お宅のお子さんは、授業中落ち着きがありません』『よく忘れ物をします』『宿題を提出しません、家庭学習をしっかりさせてください』……などという話は一切しません。親としては、そのようなことだったら十分に分かっているのです。そんな話を聞くために、時には仕事を半日で切り上げて家で待っている親の気持ちにもなってください。私は、家庭訪問の前に、最低でも**その生徒の良いところを三つ以上**書き上げて伺います……。『静かでおとなしいようですが、クラスでは友達にとても優しくて責任感があるのですよ……』とか、『すごく活発で、クラスを明るくしてくれるし、何でも気軽に引き受けてくれるところがあるのですよ』とか、『一見頑固なようですが、とても正義感があるし、物事を深く考えるところがあります』『誠実で、ノートのとり方も几帳面ですが、時には几帳面に書きすぎて、黒板に書かれたことが書ききれない時があったり……』とか、まずはその子の長所を何とか見つけ出して、親に伝えることから始めます（1カ月くらい自分のクラスの生徒として付き合っていて、良いところが一つも見つからないとしたら、それは教師の責任だと思います）。次に、親から見てその子の良いところを話してもらいます。担任は気が付かなかったけど、とても兄弟思いのところがあったり、家庭ではとても素直な子であったり……。新しい発見がいっぱいあると思います。

そうやって、親と教師で、ともにその子の長所を探し出すことにより、お互いの深い信頼関係が生まれてくるし、その子のどのようなところを伸ばし、どのようなことについては協力して直していってあげたらよいかが見つかってくるものなのです。また、私は『子供は未完成人間なのです。これからどんどん良いところを伸ばしていきながら完成された人間に育てていきましょう！』というようなことを必ず話します。もともと悪い子なんて絶対にいるわけがないのですから……。そんな話をしていると、あっという間に30分以上たってしまいます。後は、困ったことがあったら何でもいいから、私のところに電話してくださいとお願いしてその家を辞します。

三者面談の場合も全く同じことだと思います。まずは良いところを生徒とともに確認して、その後、これからどのように頑張っていけばよいかについてじっくり話し合っていけばいいのです。しつこいようですが、大切なことはお互いの信頼関係をどのように築いていくかということなのです（私たちが病院で診察を受けるときに、その医者に対する信頼感がなければどんなに良い薬をもらっても、なかなか良くならないのと同じだと思います）。

②保護者会をどのように持っていくか

一度顔を出しただけで、二度と出席しない保護者がいるということはどういうことでしょうか……。それは、その人にとって、何の益にもならない無駄な時間だったと感じたからです……。担任としてはせっかく忙しい中出席してくれた保護者の皆さんに、何かお土産を差し上げなければいけないのです。出席してよかったなあと満足して帰ってもらうように精一杯工夫しましょう。

事前に用意しておくもの

ア　席のところに置くことのできる生徒名の名札（Ｂ５大の画用紙を二つ折りして作っておきます）。
イ　一人ひとりの生徒の最近の様子（良かった点を中心にノートにメモしておく）。
ウ　テストの点数など、成績の資料。

私は保護者の方の自己紹介はお願いしません。たとえば、外国籍の家庭とか、複雑な事情を持った家庭などがあると思うので、それが負担で保護者会に出席しないというようなことがないように配慮したいと思っていました。そのかわり、私が用意した生徒の名札を読み上げ、手を挙げてもらって「がんばってますよ！」とか、「最近すごく前向きになってますね」などと、一言添えてその方の机の前に生徒の名札を置いていきます……。

その後、学年初めてのクラス懇談会の場合は私自身の自己紹介をやり、その後クラスの最近の様子を少し大げさにほめながら説明します。

先生によっては、自分のクラスの欠点や愚痴のようなことから話し始める場合がありますが、私はいちばんよくないパターンだと思います。担任がわが子たちの良いところをしっかりと見てくれていることを知って初めて担任への信頼感がわいてくるのです。そのあと、保護者から担任への注文・苦情等々保護者同士の自由な意見交換をしてもらい、保護者会を終わりにします（時に応じて、保護者会後の個人的な相談にも応じていました）。

③班日誌や個人ノートに保護者の意見を書いてもらいましょう

とにかく、子どもの教育は親と教師が二人三脚でやっていくもの、『学校にいるときは先生任せ、放課後になったら（下校したら）親任せ』という考え方は間違っていると私は思っています。だから学校のことにもどんどん親が口を出してきてほしい、家庭での子どもの生活については教師からも率直に意見を言わせてもらう……。それが子どもを育てる大人の責任だと私は思うのです。だから、保護者の方には、必ず学級通信と班日誌、個人ノートには目を通してもらう、そして出来たら一言でもいいから意見を書いてくださいと、お願いしていました。

班ノートを、親も一緒に書くことにより、その班の自分の子どもの考えも含めてほかの生徒の考えを知ることもできますし、子どもたちの中に何か問題が起きているような場合は、親もそれを事前に知ることもできます。はじめのうちは、保護者のサインか認印のみという場合が大半ですが、場合によっては父親などから中学生に対する要望なども書かれることもあり、有意義なことだと思っています。

④問題行動などが起こったときは、保護者と二人三脚で……

私は、子供を変えていくためにはどうしても親と協力していかなければならないと考えています。問題行動を起こしたときなどは、私はよく夕食後の家庭訪問をして、特に父親ととことん話し合うことにしていました。その時に一番大切なことは、子供の悪いところをあげつらうのではなく、まずその子の良いところは何か、担任としてはその子の長所は何だと思っているかというところから始めます。『先生も、親と同じ気持ちでこの子を愛しているのだ！』ということをわかってもらえなければ、話は先に進みません。子供の気持ちを理解しながら、親と教師が同じ気持ちで声をかけていけるようになることが大切だと思います。

第７章　学校行事・部活動

学校行事

学校行事は、子供たちにとって最高に楽しくて、子供たちがそれぞれの良さを発揮し、自分たちの全力を発揮できる場だと思います。そのためには、子供たちが、自分たち自身が「主人公」としてその行事を作り上げていくのだという自覚を持つことが大切です。

修学旅行・スキー教室などの学年行事では、各クラスから選ばれた実行委員会を中心に、また、体育大会・合唱コンクールなどの学校行事では、生徒会役員を中心に、各クラスから選ばれた実行委員も加わってその目的や意義を徹底的に話し合い、担当の先生の指導の下で前年度までのやり方も参考にしながら、生徒自らが自分たちが守るべき決まりを作り、出来る限り生徒の力で運営していく……。すごく大変だけれど、生徒と先生との信頼関係さえあれば、私は不可能ではないと思っていますし、職員会議で全員の先生方に理解してもらいながら、最大限そのやり方で進めてきました。

これらの学年・学校行事では、生徒会役員の動きが大変重要になってきます。体育大会は、体育の先生を中心とした体育行事委員会の先生方の指導を仰ぎながら、合唱コンクールでは、音楽の先生を中心とした文化行事委員会の先生方の指導を仰ぎながら、生徒会役員や実行委員会の生徒たちが、できる限り一人ひとりの生徒の意見を聞き取り、それを反映させ、最終的には、生徒たちが自分たち自身で作り上げてきたという自覚をもって行事を成功させていくことが何よりも大切なことだと思っています。

その中で、クラスや学年が一つになって作り上げながら、不可能だと思えるようなことまで達成してしまうような喜びを全員の生徒に経験させてあげたいと思っています。そして、これらの行事を通じて、それまで眠っていた生徒の能力を引き出していくことも、大変重要なことだと考えています。

部活動

私は23歳で中学の教員になってから退職する60歳までずっとバスケットボール部の顧問をやってきました……。部活動の中でも、子供たちがぐんぐん伸びていく、大きく変わっていくのをたくさん見てきました。

部活動で大切なことは（実際にはかなり難しいことなのですが）、**『けなさない』**ということだと思います。出来ていないことがあれば正しい指摘をしてあげながら成功したらしっかりほめてあげることで、（その生徒が）自分の可能性に気付かせるようにすべきだと思います。同時に、客観的に見るのではなく、中に入っていくという指導によって子供たちの心を動かしていくということも大切だと思います（時には、子供たちと一緒になって悔しがり、喜び、精一杯バスケットボールを楽しむことです）。失敗を指摘するのではなく（むしろ積極的に挑戦して失敗したことはほめてやり）、一人ひとりの生徒の可能性を信じて、背中を押してあげれば子供たちはどんどん飛躍していくのだと思います（これは、私自身の反省でもあります。ついつい、勝負にこだわってしまい、負けてしまうと、生徒以上に悔しがってしまい、冷静さを失い、その時の個々の選手の良かったプレーをほめることを忘れてしまったことが何回もありました……）。

もう一つ、私自身の反省としては、ついつい練習量を増やしていってしまい、土曜、日曜はおろか夏休みでさえ30日間の練習と練習試合をほぼ一日中やってきてしまいました。幸いにも、生徒たちは、バスケットボールが好きで私についてきてくれていましたし、練習量の多い割には、必死になって勉強にも取り組んできてくれました。

でも、大事な中学生時代に家族と共に過ごす時間や友達とのんびり過ごす時間を犠牲にさせてしまったのではないかと、自分自身で悔やんでいます。

私の家族についても、３人の子どもの教育はすべて妻に任せ、家族サービスと言えば年に一度の正月のスキー旅行のみで60歳まで過ごしてきてしまいました。

バスケット部の生徒のためにも、私自身の家族のためにも、バスケットの練習のない自由な時間をもっととるべきだったと反省しています。「部活動」は生徒の成長のためだと口では言いながら、ついつい勝負にこだわり続けてしまっていたのだと思います……。

そして蛇足ではありますが、私が38年間、絶対に曲げなかった指導方針があります。それは、「厳しい練習を乗り越え、最後まで頑張ってきた最上級生は必ず試合に出す。どんなに上手な下級生がいても最上級生を最優先する」ということでした。

特にスポーツの試合では、どうしても、試合に勝つということが求められてきます。子供たちは、部活動の中で体力や技能を伸ばし、一生懸命頑張る気持ちや仲間を思いやる心を育てていくのだと思います。しかし、ただ勝つためだけに強いチームにし、上級生下級生関係なしに、能力のある生徒だけを起用するというのは、学校の部活動としては間違っていると思います。部活動は、あくまでも教育の一環として行われるべきだと思います。その部に所属している全員の生徒が楽しく充実感を持って活動する場所でなければならないと思っています（もし、この文章が、運動部の部活動を熱心に指導されている先生方に、冷や水を浴びせるようなことになるとしたら、心から謝りたいと思います）。

部活動に関しては、この私の考え方が絶対に正しいとは思っていません。ただ、時には強いと言われているチームの中で、私の高校時代のような辛い気持ちを抑えて仲間を応援している生徒がいるかもしれないということを考えてもらいたいと思っています（私は当時の都立高校の強豪校と言われていた高校のバスケットボール部で、チームの最上級生として残った5人の中でただ一人、レギュラーになれず練習試合でも大会でもほとんどの時間ベンチで応援していました。それは、身長が高く、運動能力に大変優れていた下級生が入部してきたためでした）。

そして、学校の部活動の目標は、その部に所属した生徒が人間的にも大きく成長し、将来立派な大人になってくれることだと思います。そのためには、仲間を何よりも思いやる気持ちを育てながら、その子の良さや能力を引き出すように、精一杯ほめ、背中を押してあげることだと思います。

鈴木　隆夫（すずき　たかお）

1938年４月生まれ。1961年３月東京都立大学理学部卒業後、大島三中・青梅五中・青梅西中・昭和中・羽村三中を歴任。1998年退職。以後少人数の学習塾「らくらく塾」を運営。

【共著】
『はばたけ学級通信』（日本機関紙協会）
『学級づくりのポイント』（あゆみ出版）など

Eメール：takochi@t-net.ne.jp

若い先生へ

2016年８月13日　初版発行

著　者　鈴木隆夫
発行者　中田典昭
発行所　東京図書出版
発売元　株式会社 リフレ出版
〒113-0021　東京都文京区本駒込 3-10-4
電話（03）3823-9171　FAX 0120-41-8080
印　刷　株式会社 ブレイン

ISBN978-4-86223-991-4 C0037
Printed in Japan 2016
落丁・乱丁はお取替えいたします。

ご意見、ご感想をお寄せ下さい。

［宛先］〒113-0021　東京都文京区本駒込 3-10-4
東京図書出版